Armin Täubner

Schutzengel

aus Holz

mit zahlreichen Skizzen

Alisa

Abbildung Seite 1

Motivhöhe
ca. 20 cm

Material
- Rohholzperle, ø 30 mm
- Je 2 Rohholzperlen, ø 15 mm und ø 20 mm
- Sperrholz, 3 mm dick (Flügel)
- Tontopf, ø 3,5 cm und ø 4,7 cm
- Tonkartonrest in Rot
- Matte Bastelfarbe in Weiß
- Wolle in Dunkelbraun
- Geglühter Blumendraht, ø 0,65 mm

Vorlagenbogen 1A

Grundieren Sie die Tontöpfe in Weiß. Fassen Sie mehrere je 15 cm lange Wollfäden in der Mitte mit einem 20 cm langen Blumendraht zusammen und ziehen Sie die Fäden ca. 2 cm tief in die große Holzperle (je mehr Fäden Sie nehmen, desto dichter wird das Engelshaar).

Für die Arme flechten Sie aus drei je 35 cm langen Wollfäden einen Zopf, dessen Anfang und Ende Sie mit kleinen Rohholzperlen (ø 15 mm) und einem Knoten fixieren.

Legen Sie das Armteil zwischen die beiden Drahtenden, die unten aus dem Kopf ragen, und führen Sie die Drahtenden durch die Öffnung des größeren Tontopfs. Zwischen die Drahtenden legen Sie das Beinteil, das auf dieselbe Art wie die Arme aus drei je 50 cm langen Wollfäden geflochten wird. Verdrehen Sie die Drahtenden miteinander und kürzen Sie sie.

Die aus Holz ausgeschnittenen und bemalten Flügel werden an den Rändern leicht abgeschliffen und mit der Klebepistole am Tontopf fixiert. Das beschriftete Tonkartonherz und den Tontopfhut befestigen Sie mit Alleskleber.

Fotos: frechverlag GmbH, 70499 Stuttgart;
Fotostudio Ullrich & Co., Renningen

Dieses Buch enthält: 2 Vorlagenbogen

Auflage: 5. 4. 3. 2. | Letzte Zahlen
Jahr: 2007 2006 2005 2004 2003 | maßgebend

frechverlag GmbH, 70499 Stuttgart
Druck: frechdruck GmbH, 70499 Stuttgart

ISBN 3-7724-3140-2 · Best.-Nr. 3140

Schutzengel

sind in! Und sie sind überall.
Vor allem aus Holz begegnet man ihnen allerorten. Schutzengel sitzen im Regal, auf dem Fenstersims oder sie lächeln Ihnen von Türen und Wänden zu und geben auf Sie acht.

In diesem Buch zeige ich Ihnen, wie man originelle Schutzengel selber machen kann. Wenn Sie einem lieben Menschen einen Schutzengel schenken, können Sie ihm noch einen Schutzbrief in die Hand geben, der dem „Schützling" persönlich gewidmet ist. Und als Schlüsselanhänger oder Glücksbringer begleitet der Engel seinen Menschen auf allen Wegen.

Viel Freude mit meinen Schutzengeln wünscht Ihnen

Ihr

Werkzeuge und Hilfsmittel

Folgende Werkzeuge und Hilfsmittel sollten Sie zur Hand haben, sie werden bei den einzelnen Motiven nicht gesondert aufgeführt.

- Laubsäge (für Sperrholz) und Bügelsäge mit drehbarem Sägeblatt (für dickes Sperrholz, Bretter) oder elektrische Dekupiersäge (für alle Sägearbeiten)
- Akkuschrauber mit Bohrer ø 1 mm, ø 1,5 mm und ø 3 mm
- Kleine und große Holzfeile
- Schleifpapier mit 120er, 180er und 240er Körnung
- Haarpinsel Nr. 4 und Nr. 8
- Borstenpinsel Nr. 6 und Nr. 10
- Transparentpapier und Karton für Schablonen
- Schaschlikstäbchen für Spiralen
- Bleistift
- Feiner Filzstift in Schwarz
- Buntstift in Rot
- Holzleim, Alleskleber, Heißklebepistole
- Schere, Cutter mit Schneideunterlage
- Rundzange, Seitenschneider
- Lappen oder Küchenkrepp

Lena

Beschreibung Seite 6

ARBEITSSCHRITTE

Mithilfe des Transparentpapiers pausen Sie die Motivteile vom Vorlagenbogen ab, kleben sie auf Karton und schneiden sie aus. Übertragen Sie dann die Umrisse auf das Holz und sägen Sie die Teile aus. Mit der elektrischen Dekupiersäge können Sägearbeiten für alle Holzstärken ausgeführt werden. Ansonsten verwenden Sie für Sperrholz die Laubsäge und für stärkere Holzplatten und Bretter die robustere Bügelsäge mit drehbarem Sägeblatt. Anschließend werden die Kanten der Holzteile mit der Feile geglättet. Bei manchen Motiven werden die Kanten nur leicht angefeilt, bei anderen sind sie fast rund.
Bohren Sie die notwendigen Löcher (der Bohrer hat in der Regel die gleiche Stärke wie der Draht) und glätten Sie die gesamte Oberfläche mit Schleifpapier.

Übrigens

Bei zahlreichen Motiven werden die Einzelteile mithilfe von Draht zusammengefügt. Dazu finden Sie auf den Vorlagenbogen zahlreiche Skizzen, an denen Sie sich orientieren können.

BEMALUNG

Alle Teile werden komplett mit matter Bastel- oder Dispersionsfarbe bemalt, bevor der Engel mit Draht zusammengebunden wird. Die Farbe wird mit dem Borstenpinsel in Richtung der Holzmaserung aufgetragen.
Nach dem Trocknen schleifen Sie vor allem die Ränder mit 160er Schleifpapier nach, so dass das Holz durchschimmert. Um den „used-look" zu erreichen, werden viele Motive quer zur Maserung geschliffen. Manchmal wird noch zusätzlich Patina aufgetragen und sofort wieder mit einem Lappen oder Küchenkrepp abgerieben.

GESICHTER

Es ist ratsam, die Köpfe immer beige zu grundieren. Anschließend können Sie die mit Bleistift vorgezeichneten Gesichter mit Filzstift nachmalen (bei zu wenig oder keiner Grundierung zerfließt die Filzstiftfarbe). Mit einem Farbstift röten Sie die Wangen.

Mein Tipp

Ist Ihnen ein Gesicht oder sonst ein Detail auf Holz misslungen, lassen Sie die Farbe trocknen, schleifen sie ab und grundieren das Holz neu. Danach können Sie das entsprechende Detail mit Bleistift vorzeichnen und erneut aufmalen.

DRAHTSPIRALEN

Wickeln Sie den Draht um ein Schaschlikstäbchen oder einen Stift, streifen Sie die entstandene Spirale ab und dehnen Sie sie auf die gewünschte Länge.

Motivhöhe
ca. 20 cm

Material
- Sperrholz, 5 mm dick (Körper, Hände, großer Stern)
- Sperrholz, 3 mm dick (Flügel, Füße, kleiner Stern)
- Rohholzperle, ø 20 mm (Kopf)
- Matte Bastelfarbe in Weiß, Hellgelb und Beige
- Geglühter Blumendraht, ø 0,35 mm

Vorlagenbogen 1A

Lena

Abbildung Seite 4

Sägen Sie die Motivteile aus und bemalen Sie sie. Nach dem Trocknen werden besonders die Kanten abgeschliffen, bis stellenweise das Holz durchschimmert. Die Holzkugel wird beige grundiert, die Löcher werden mit dem Bohrer mit ø 1 mm gebohrt.
Die Füße werden mit 5 cm langen Drahtstücken befestigt, die Drahtenden miteinander verdreht und gekürzt. Stecken Sie ein 10 cm langes Drahtstück durch die Bohrungen von einer Hand und einem Ärmel, so dass etwa 2 cm überstehen. Verdrehen Sie die beiden Drahtenden miteinander, das kurze schneiden Sie ab, das lange stecken Sie durch die Bohrung im Flügel. Mit der anderen Seite verfahren Sie genauso. Verdrehen Sie die beiden Drahtenden auf der Rückseite miteinander und kürzen Sie sie. Ziehen Sie ein 20 cm langes Drahtstück zur Hälfte durch die Halsbohrung. Führen Sie die beiden Drahtenden durch den Kopf und den kleinen Stern. Ein Drahtende wird durch die untere Bohrung des Namenssterns gesteckt und auf der Rückseite mit dem anderen Drahtende verdreht. Den beliebig langen Aufhängedraht ziehen Sie durch die obere Bohrung.

Großer Willkommen-Engel

Sägen Sie die Einzelteile aus. Die Kanten des Engels werden mit der Feile stark abgerundet und dann geschliffen. Achten Sie darauf, dass Sie die Hände nicht ganz durchbohren (Bohrer mit ø 1,5 mm). Bemalen Sie danach alle Holzteile entsprechend der Abbildung. Die Herzen überarbeiten Sie nach dem Trocknen mit Holzpatina und schleifen dann alle Teile besonders an den Rändern leicht ab. Jetzt werden Gesicht und Schriftzug mit Filz- und Lackstift aufgemalt. Befestigen Sie die Herzen und Sterne mit teils zu Spiralen gedrehtem Stieldraht am Willkommensschild. Stecken Sie zwei 4 cm lange Stieldrahtstücke in die Bohrungen im Engelrumpf und stülpen Sie Schild und Hände darüber. Die überstehenden Drahtenden kürzen Sie auf der Rückseite mit dem Seitenschneider.

Material
- Fichtenholzplatte, 18 mm dick (Engel)
- Sperrholz, 7 mm dic (Hände, Sterne, Herzen und Schild)
- Matte Bastelfarbe in Weiß, Karminrot, Beige, Hellgelb und Mittelbraun
- Patina
- Dicker Lackstift in Weiß
- Geglühter Blumen-Stieldraht, ø 1,5 mm

otiv-
öhe
ca. 48 cm

orlagen-
ogen 1B

Engel in Blau & Rot

Sägen Sie die Motive aus und runden Sie die Kanten der einzelnen Teile mit der Feile leicht ab. Am Kopf bohren Sie von oben senkrecht ein Loch, in das später der Drahthalter für die Haare gesteckt wird.

Bemalen Sie die Teile gemäß der Abbildung. Nach dem Trocknen schleifen Sie die Motive vor allem an den Rändern mit Schleifpapier ab, bis das Holz an manchen Stellen durchscheint; dafür auch quer zur Maserung schleifen.

Beim roten Engel werden anschließend mit dem benutzten Schleifpapier Gesicht und Hände bearbeitet, so dass die roten, abgeschliffenen Farbreste auch auf diese Teile übertragen werden. Mit der Fingerspitze nochmals darüber fahren, um die Farbe gleichmäßig zu verstreichen.

Nun befestigen Sie gemäß den Skizzen auf dem Vorlagenbogen Arme, Flügel und Füße mit Blumendraht am Rumpf.

Für die Haare fassen Sie den Nikolausbart (10 Fäden à 18 cm) mittig mit Blumendraht zusammen. Die miteinander verdrehten, ca. 1 cm langen Drahtenden werden mit Alleskleber in die Bohrung am Kopf geklebt. Beim roten Engel wird zusätzlich noch ein Drahtstück mit einem angebundenen Sternchen eingesteckt. Der blaue Engel hängt an einer Sternenreihe, die auf den dicken Draht aufgezogen ist. Der Stern wird auf den Körper aufgeklebt.

Motivhöhe

ca. 15 cm (Engel)

Material

- Sperrholz, 3 mm dick (Flügel, Arme, Füße und Sterne)
- Sperrholz, 5 mm dick (Rumpf)
- Geglühter Blumendraht, ø 0,35 mm
- Geglühter Steckdraht, ø 1 mm
- Matte Bastelfarbe in Mittelblau, Karminrot, Weiß, Pastellgelb und Beige
- Nikolausbart
- UHU hart

Vorlagenbogen 1A

Engel mit Basthaar

Die Motivteile werden zuerst exakt ausgesägt, dann vor allem an den Kanten mit dem Schnitzmesser bearbeitet und bemalt.
Auf der Scheitellinie am Kopf werden ein bzw. zwei Löcher gebohrt: ein Loch mit ø 1,5 mm für das Haarbüschel, dahinter ein Loch ebenfalls mit ø 1,5 mm für den Heiligenschein.
Nehmen Sie ein Büschel Bast, etwa 7 cm lang, umwickeln Sie es mit etwas Draht (ø 0,65 mm), den Sie unter dem Büschel verdrillen, und stecken Sie die Drahtenden in das vordere Loch.

Motivhöhe

mit Heiligenschein ca. 18 cm

Material

- Ungehobeltes Fichtenbrett, 2 cm dick
- Sperrholz, 3 mm dick (Flügel, Füße)
- Bast in Natur
- Matte Bastelfarbe in Beige und Weiß
- Geglühter Blumendraht, ø 0,65 mm
- Geglühter Stieldraht, ø 1,5 mm
- Schnitzmesser

Vorlagenbogen 1A

Den Heiligenschein biegen Sie aus einem etwa 13 cm langen Stück Stieldraht. In die Löcher (ø 1 mm) an den Schultern wird je ein 6 cm langer Blumendraht gesteckt, dessen Enden mit der Rundzange an den Oberarmen zu Ösen gebogen werden.
Die Flügel werden ganz, der Rumpf von hinten nur halb durchbohrt (Bohrer mit ø 1,5 mm) und mit einem 3 cm langen bügelförmigen Drahtstück (ø 1,5 mm) fixiert.
Die Füße werden von unten mit einem 1 cm langen Drahtstuck (ø 1,5 mm) angesteckt oder angeleimt.

Mein Tipp

Besonders festlich sehen die Engel in der Gegenwart von Kerzen aus. Die Kerzenständer auf der Abbildung sind einfach aus weiß bemalten Mini-Tontöpfen (ø 3,5 cm) gefertigt.

Engel mit Herz

Schneiden bzw. sägen Sie die Einzelteile aus. Die Löcher in Flügel und Kragen werden mit der Lochzange ausgestanzt.
Tupfen Sie mit einem Küchentuch etwas Patina auf eine Seite von Flügel und Sternkragen und lassen Sie sie trocknen. Anschließend wird die Rückseite ebenso gearbeitet. Kleid und Herz werden nach dem Bemalen leicht abgeschliffen und ebenfalls mit Patina überarbeitet, die Holzkugel, Füße und Hände werden beige grundiert. Stecken Sie einen 10 cm langen dünnen Blumendraht ca. 2 cm durch die Bohrung von einer Hand und dem Herz (siehe Skizze auf dem Vorlagenbogen). Die Drahtenden werden miteinander verdreht, den längeren Drahtteil ziehen Sie durch die Bohrung am Rumpf und ein Loch im Flügel. Mit der anderen Seite verfahren Sie genauso. Die Drahtenden werden hinter den Flügeln miteinander verdreht und abgeschnitten. Die Füße werden mit 5 cm langen dünnen Blumendrahtstücken angedrahtet und die Enden gekürzt.

Motivhöhe
ca. 10 cm

Material
- Sperrholz, 5 mm dick (Rumpf, Füße)
- Sperrholz, 3 mm dick (Hände, Herz)
- Rohholzperle, ø 20 mm (Kopf)
- Alu-Bastelkarton in Gold (Flügel, Sternkragen)
- Matte Bastelfarbe in Beige, Mittelblau und Karminrot
- Patina
- Grasfaser in Gold
- Geglühter Blumendraht 0,35 mm und 0,65 mm
- Lochzange

Vorlagenbogen 1A

Fassen Sie ein ca. 12 cm langes Grasfaserbüschel in der Mitte mit einem 15 cm langen dicken Blumendraht zusammen und stecken Sie die Enden A und B von oben in die Holzperle (siehe Skizze auf dem Vorlagenbogen).
Einen 40 cm langen dünnen Blumendraht ziehen Sie bis zur Hälfte durch die Halsbohrung am Kleid. Die Drahtenden C und D werden von unten durch den Sternkragen und die Holzperle gesteckt. Ziehen Sie das Grasfaserbüschel an den Drahtenden A und B etwa 1 cm in die Holzkugel und schneiden Sie die beiden überstehenden Drahtenden A und B ab.
Jetzt werden die Drahtenden C und D straff angezogen und der Kopf dicht an den Rumpf geschoben. Kleben Sie abschließend die nach oben stehenden Haare ringsum an den Kopf und zeichnen Sie das Gesicht auf.

Guck mal, wer da fliegt

Motivhöhe
ca. 31 cm

Material
- Sperrholz, 5 mm dick (Rumpf)
- Sperrholz, 3 mm dick (Arme, Flügel, Sterne)
- Verzinkter Draht, ø 1,6 mm, 78 cm lang
- Silberdraht, ø 0,5 mm
- Geglühter Blumendraht, ø 0,35 mm (Haare)
- Matte Bastelfarbe in Beige, Weiß, Mittelblau und Hellgelb

Vorlagenbogen 1B

Legen Sie den verzinkten Draht zum Zurechtbiegen auf den Vorlagenbogen. Die Ösen am Anfang und am Ende des Bügels biegen Sie mit der Rundzange. Sägen Sie die Motivteile aus, schleifen Sie die Kanten ab, bemalen Sie sie gemäß der Abbildung und bearbeiten Sie sie nach dem Trocknen mit Schleifpapier. Legen Sie beidseitig die Arme an den Engelrumpf und ziehen Sie ein 25 cm langes Silberdrahtstück durch die Bohrungen. Nun ziehen Sie auf die Drahtenden A und B (siehe Skizze auf dem Vorlagenbogen) jeweils einen Flügel, das Drahtende A stecken Sie von hinten durch die Rückenbohrung, ebenso das Drahtende B. Ziehen Sie die Drahtenden fest an, verdrillen Sie sie und schneiden Sie ein Drahtende ab. Mit dem anderen Drahtende befestigen Sie den Engel später am Drahtbügel.
Für die Haare stecken Sie fünf bis sechs Blumendrahtstücke (je ca. 2 cm lang) in die Bohrung im Kopf. Fädeln Sie alle Sterne auf einen 2 m langen Silberdraht und umwickeln Sie den Drahtbügel sieben Mal bis zum ersten Stern. Anschließend wird der Bügel bis zum nächsten Stern erneut fünf bis sieben Mal umwickelt usw., bis alle Sterne angebracht sind.

Engel im Mond

Abbildung
auch Titelseite

Motivhöhe

Mondsichel ca. 17 cm

Material

- Sperrholz, 5 mm dick (Mond und Körper)
- Sperrholz, 3 mm dick (Herzen, Sterne, Arme und Flügel)
- Lackdraht in Schwarz, 0,5 mm
- Matte Bastelfarbe in Hellgelb, Weiß, Beige, Karminrot und Arktisblau

Vorlagenbogen 2A

Sägen Sie Mondsichel und Engel zuerst in einem Stück aus und sägen Sie dann den Engel an der Rückenlinie entlang aus. Dann die anderen Motivteile aussägen.
Nach dem Abschleifen werden die Befestigungslöcher (ø 1 mm) gebohrt. Für die Haare bohren Sie sechs Löcher in den Kopf. Bemalen Sie die Motivteile und schleifen Sie den Engel leicht nach.
Für die Frisur fertigen Sie aus 6 cm langen Drahtstücken kleine Spiralen. In jede Bohrung stecken Sie zwei oder drei Spiralhaare.
Legen Sie nun den Engel auf die Mondsichel. Um den Engel mit der Mondsichel zu verbinden, ziehen Sie einen 6 cm langen Draht durch die Bohrung im Engelrücken, an der später die Flügel befestigt werden. Ein Drahtende ziehen Sie durch die Bohrung in der Mondsichel, verdrehen dann die Enden miteinander und kürzen sie. Legen Sie nun beidseitig die Flügel und Arme an und ziehen Sie ein weiteres Drahtstück (6 cm lang) durch die Bohrungen an Rumpf, Flügeln und Oberarmen. Die Drahtenden werden verdrillt und gekürzt.
Befestigen Sie zuletzt die Herzen und die Sterne.

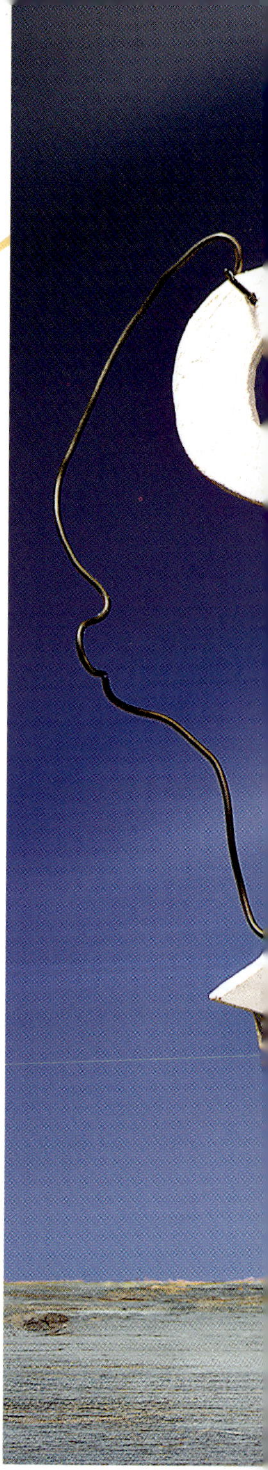

Engel, Mond und Sterne

Beschreibung Seite 18

Motivhöhe
ca. 18 cm

Material
- Fichtenholzplatte, 18 mm dick (Sockel)
- Sperrholz, 3 mm dick (Flügel, Mond und Sterne)
- Sperrholz, 5 mm dick (Körper und Arme)
- Strukturschnee
- Matte Bastelfarbe in Weiß, Taubenblau und Beige

Vorlagenbogen 2A

Engel, Mond und Sterne

Abbildung Seite 16/17

Sägen Sie die Motivteile aus. Der Engel wird von unten senkrecht angebohrt.
Sämtliche Holzteile werden weiß angemalt. Nach dem Trocknen übermalen Sie das Engelskleid mit Taubenblau und Gesicht und Hände mit Beige. Schleifen Sie den Engel so ab, dass stellenweise die weiße Farbe bzw. das Holz durchscheint. Das Gesicht wird nur mit Bleistift aufgemalt.
Wie die Arme und Flügel befestigt werden, entnehmen Sie der Skizze auf dem Vorlagenbogen. Stecken Sie den Engel auf ein kurzes Drahtstück im Sockel. An zwei Steckdrähten fädeln Sie Mond und Sterne auf und stecken sie seitlich des Engels in den Sockel.
Abschließend wird mit dem Pinsel der Strukturschnee auf Sockel und Kopf aufgetragen.

Himmelsbote

Motivhöhe
ca. 31 cm

Material
- Fichtenholzplatte, 18 mm dick (Grundfläch
- Sperrholz, 7 mm dick (Körper)
- Sperrholz, 3 mm dick (Arme, Flügel, Sterne, Herzen)
- Matte Bastfarbe in Be

Sägen Sie die Motivteile aus und schleifen Sie die Kanten nur ganz leicht an.
Bemalen Sie den Engel, die Herzen und die Sterne der Abbildung gemäß.
In das Grau des Gewandes wird etwas Schwarz und Weiß eingearbeitet.
Die Löcher in den Sternen und Herzen werden mit dem kleinen Bohrer (ø 1 mm), die restlichen mit dem Bohrer mit ø 1,5 mm gebohrt.
Wickeln Sie den 30 cm langen verzinkten Draht in breiten Windungen um einen fingerdicken Holzstab o. Ä. Ein Ende wird ins Engelgewand, das andere in den Holzsockel, dessen Kanten rund gefeilt sind, gesteckt. Die drei Drahtbügel sind 22 cm, 25 cm und 28 cm lang.
Die Herzen und Sterne fädeln Sie auf einen 30 cm langen Silberdraht und wickeln das Drahtende um die Engelhand.

orlagen-
ogen 2B

Hellbeige, Weiß, Grau und Schwarz

Verzinkter Draht, ø 1,6 mm

Silberdraht, ø 0,5 mm

Schnell trocknender Leim

Engel auf Wolke

Motivhöhe

bis zu den Haarspitzen ca. 25 cm

Material

- Sperrholz, 5 mm dick
- Geglühter Blumendraht, ø 0,65 mm
- Papierkordel mit Drahteinlage in Beige, ø 2 mm, 2 x 12 cm lang
- Matte Bastelfarbe in Weiß, Beige und Pastellgelb
- UHU hart

Vorlagenbogen 2A

Mit dem Bohrer mit ø 1 mm bohren Sie die Löcher für die Haare und für die Befestigung des Engels auf der Wolke sowie in Mond und Sterne. Für die Hände und Füße nehmen Sie den Bohrer mit ø 3 mm. Bemalen Sie Engel, Wolken und Himmelskörper nach der Abbildung, bei Mond und Sternen geben Sie etwas Weiß ins Pastellgelb. Das Gesicht wird nur mit Bleistift aufgemalt.

Ziehen Sie die beiden Papierkordeln durch die Löcher im Rumpf sowie durch Hände und Füße. Sichern Sie die Enden jeweils mit einem Knoten und schneiden Sie die überstehenden Reste ab. Die Flügel werden angeklebt. Stecken Sie einen ca. 2 cm langen Drahtstift (ø 1 mm) in die senkrechte Bohrung der Wolke und setzen Sie den Engel darauf. Sterne und Mond befestigen Sie mit Draht, als Aufhängung dient eine Drahtschlaufe in beliebiger Länge.

Engel im Sternenkreis

Beschreibung Seite 22

Motivdurchmesser
ca. 26 cm

Material

- Sperrholz, 4 mm dick
- Geglühter Steckdraht, ø 1 mm
- Geglühter Blumendraht, ø 0,35 mm
- Matte Bastelfarbe in Taubenblau, Weiß, Pastellgelb und Karminrot
- Patina
- Grasfasern in Silber

Vorlagenbogen 2A

Engel im Sternenkreis

Abbildung Seite 21

Sägen Sie die Einzelteile aus. Alle Ränder werden mit der Feile stark abgerundet.
Für die Bohrungen am Engel und am Herz verwenden Sie den Bohrer mit ø 1 mm, für Mond und Sterne den Bohrer mit ø 1,5 mm. Bei Mond und Sternen tragen Sie über die gelbe noch etwas weiße Farbe auf. Nach dem Trocknen werden die Teile vor allem an den Rändern abgeschliffen.
Das Herz wird noch mit Patina überarbeitet, auf ein Drahtstück aufgefädelt und dem Engel umgehängt. Wie der Engel zusammengedrahtet wird, entnehmen Sie den Skizzen auf dem Vorlagenbogen. Kürzen Sie ein Büschel Grasfasern auf 15 cm Länge und legen Sie es wie auf der Abbildung über den Kopf. Legen Sie Steckdraht von hinten wie ein Stirnband eng um den Kopf, verdrehen Sie ihn am Hinterkopf und biegen Sie das lange Ende als Heiligenschein nach oben. Die überstehenden Enden kürzen.
Um einen schönen, weiten Sternenkreis zu erhalten, muss der Steckdraht, der den Mond mit seinen beiden Nachbarsternen verbindet, aus einem Stück bestehen. Der Engel wird mit dünnem Draht, der an dem Draht zwischen den Flügeln befestigt ist, am Mond eingehängt.

Schutzbrief-träger

Sägen Sie Engel und Hände aus, schleifen Sie die Teile ab und durchbohren Sie die Engel in Brusthöhe an zwei Stellen ganz (Bohrer mit ø 1 mm), die Hände dagegen von hinten nur zur Hälfte. Wenn das Motiv bemalt und getrocknet ist, reiben Sie das Gewand kräftig mit einem kleinen Knäuel aus Küchenkrepp, bis die Oberfläche an den erhabenen Stellen der Maserung leicht glänzt. Stecken Sie 3 cm bzw. 4 cm lange Lackdrahtstücke als Haare in die Bohrungen am Kopf. Von hinten werden zwei je 1 cm lange Steckdrahtstücke durch die Löcher in der Brust gedrückt und von vorne die beiden Hände aufgesteckt. Die überstehenden Drahtenden auf der Rückseite werden abgeschnitten. Beschriften, falten und lochen Sie den Schutzbrief aus Tonkarton und hängen Sie ihn an einem Baumwollfaden an die Hände. Der gerollte Schutzbrief hat die Maße 8 cm x 8 cm.

Motivhöhe
ca. 15 cm

Material
- Sperrholz, 5 mm dick
- Geglühter Steckdraht, ø 1 mm
- Lackdraht in Schwarz, ø 0,5 mm
- Matte Bastelfarbe in Beige, Weiß und Karminrot
- Tonkarton in Weiß
- Baumwollfaden in Rot

Vorlagenbogen 2B

Mein Tipp

Diese Engel sind als Geschenk noch schöner, wenn Sie auf eine Urkunde im Kuvert bzw. in den gerollten Schutzbrief den Namen des Schützlings eintragen, vielleicht sogar mit einem Spruch oder Gedicht zum Thema „Schutzengel".

Rothaarige Engel-Bengel

Motivhöhe
ca. 12 cm

Material (pro Engel)
- Rohholzperle, ø 20 mm (Kopf)
- 2 Rohholzperlen, ø 12 mm (Hände)
- Sperrholz, 5 mm dick (Rumpf)
- Sperrholz, 3 mm dick (Flügel und Füße)
- Geglühter Steckdraht, ø 1 mm
- Geglühter Blumendraht, ø 0,35 mm
- Roter Papierdraht
- Tonkarton in Eierschale und Rot
- Matte Bastelfarbe in Beige, Weiß und Karminrot bzw. Arktisblau
- Lochzange
- Vorstechnadel

Vorlagenbogen 2A

Sägen Sie die Einzelteile aus, schleifen Sie sie, bemalen Sie sie gemäß der Abbildung und gehen Sie mit dem Schleifpapier nochmals über Körper und Füße. Die Bohrungen haben einen Durchmesser von 1 mm. Der Kopf wird beige grundiert. Als Arme des arktisblauen Engels stecken Sie die Enden eines 12 cm langen Steckdrahts von hinten durch Flügel und Rumpf. Nun werden zwei kleine Holzperlen als Hände aufgesteckt und die Drahtenden umgebogen. Beim Engel mit rotem Rumpf ist der Armdraht 14 cm lang. Auf ihn werden mittig zwei kleine Holzperlen aufgefädelt, bevor die Enden durch Schultern und Flügel gesteckt und auf dem Rücken miteinander verdreht und gekürzt werden.

Als Beine dient bei beiden Engeln ein 12 cm langer Draht, auf dessen Enden die Füße aufgesteckt werden, die Drahtenden nach hinten umbiegen.

Als Haare werden vier jeweils 8 cm lange Papierdrahtstücke in der Mitte mit einem 12 cm langen Steckdrahtstück zusammengefasst, mit den Fingern zusammengedrückt und dann in die Holzperle gezogen (je nach Größe der Bohrung einen Papierdraht mehr oder weniger einziehen). Ein Drahtende stecken Sie von vorne durch die Bohrung am Hals nach hinten, wo die beiden Drahtenden miteinander verdreht und gekürzt werden.

Der Schutzbrief wird aus einem Tonkartonrechteck (7 cm x 5 cm) mit abgerundeten Ecken gerollt. Die Kartonherzen werden mit der Vorstechnadel gelocht und mit Drahtspiralen aus Blumendraht am Schutzbrief bzw. am Kartonschildchen befestigt.

Das Herz auf dem Flügel ist aufgeklebt und die Nähte werden mit Filzstift aufgemalt.

SCHUTZBRIEF
ICH BIN
BEI DIR

Schlüssel-Engel

Motivhöhe
ca. 13 cm

Material
- Keramik-Halbtopf, 6 cm hoch
- Rohholzkugel, ø 30 mm (Kopf)
- Sperrholz, 5 mm dick (Rumpf, Arme)
- Sperrholz, 3 mm dick (Flügel)
- Matte Bastelfarbe in Beige, Weiß, Mittelblau und Karminrot
- Geglühter Stieldraht, ø 1,5 mm
- Geglühter Steckdraht, ø 1 mm
- Geglühter Blumendraht, ø 0,65 mm
- Baumwollgarn in Schwarz
- Wollfaden in Rot
- 2 Metallglöckchen in Silber, ø 15 mm

Vorlagenbogen 2B

Sägen Sie die Einzelteile aus, bemalen Sie sie gemäß der Abbildung (die Rohholzperle wird beige, der Halbtopf karminrot grundiert) und schleifen Sie Flügel, Oberkörper und Arme mit Schleifpapier, bis das Holz an manchen Stellen durchschimmert.

Ziehen Sie einen 10 cm langen Blumendraht zur Hälfte durch die Bohrungen von Arm und Schulter (ø 1 mm) und verdrehen Sie die Enden miteinander (siehe Skizzen auf dem Vorlagenbogen). Mit einem zweiten Draht wird der andere Arm ebenso befestigt. Eines der beiden Drahtenden wird jeweils von vorne durch die Bohrung des Flügels (ø 1 mm) geführt und dann mit dem anderen Drahtende verdreht. Die Drahtenden kürzen.

Fassen Sie ca. 15 bis 20 Baumwollfäden (je 20 cm lang) mit einem 20 cm langen Stieldraht zusammen und ziehen Sie sie etwa 2 cm tief in die Holzkugel. Von den beiden Drahtenden stecken Sie eines von vorne durch das Halsloch im Rumpf (ø 1,5 mm), verdrehen beide dann fest miteinander und kürzen sie. Ein 30 cm langes Steckdrahtstück wickeln Sie um ein Schaschlikstäbchen, streifen es ab, dehnen es auf die gewünschte Länge, stecken die Enden durch die Bohrungen der Hände (ø 1 mm) und hängen die Glöckchen an. Fixieren Sie den Schutzengel mittels eines 5 cm langen Stieldrahtstückes, das Sie von hinten durch die beiden Bohrungen am Bauch (ø 1,5 mm) und die Aufhängeöffnung am Topf führen und an der Innenseite des Halbtopfes spreizen.

Mein Tipp

Da die Bohrungen in Holzperlen unterschiedlich groß sind, empfiehlt es sich, zuvor auszuprobieren, wie viele Wollfäden hineinpassen. Je mehr Fäden Sie nehmen, desto voller ist das Engelshaar.

Zwei Kantenhocker

ENGEL MIT HEILIGENSCHEIN

Wenn die Motivteile ausgesägt und gefeilt, bemalt und leicht abgeschliffen sind, legen Sie den Oberkörper so auf den Unterkörper, dass sich beide etwa 1,5 cm überlappen, und durchbohren den Oberkörper an zwei Stellen ganz, den darunter liegenden Unterkörper nur zur Hälfte. Beide Teile werden mit zwei Drahtstücken aufeinander gesteckt. Legen Sie eine ausgesägte Hand auf die Unterseite des Ärmels und durchbohren Sie beides ca. 1 cm tief. Stecken Sie beide Teile mit einem Drahtstück zusammen. Setzen sie den – bisher noch kopf- und flügellosen – Engel auf eine Tischkante und legen Sie einen Arm an den Rumpf an. Die Bohrung durch den Arm in die Schulter ist etwa 1,5 cm tief. Bohren Sie den Rumpf von oben am Hals und den Kopf sowohl von oben als auch von unten an. Stecken Sie den Kopf mittels Draht auf den Rumpf und versehen Sie ihn noch mit einem Heiligenschein, den Sie aus einem 12 cm langen Drahtstück biegen. Die Füße befestigen Sie wie die Hände. Überstehende Drahtenden werden mit dem Seitenschneider gekürzt. Die Flügel legen Sie auf den Engelrücken, durchbohren sie an zwei Stellen ganz, den Rücken dagegen nur etwa 1 cm tief. Biegen Sie aus einem 3 cm bis 4 cm langen Drahtstück eine Klammer und drücken Sie diese durch die Flügel in den Rücken.

Mein Tipp

Sollten sich die Steckverbindungen lockern, können Sie sie mit etwas Klebstoff fixieren.

ENGEL MIT SPIRALHAAREN

Sägen Sie die Einzelteile aus. Den Arm schneiden Sie entweder einmal aus der Fichtenholzplatte und teilen ihn mit der Säge in der Mitte oder Sie schneiden ihn zweimal aus einer dünneren Fichtenholzplatte. Beachten Sie dabei unbedingt den Verlauf der Holzmaserung. Die Holzteile werden bemalt, leicht abgeschliffen und dann aufeinander geleimt. Für die Haare werden drei je 7 cm lange Drahtstücke zu Spiralen gewickelt und in die Bohrungen gesteckt.

Motivhöhe

Sitzengel mit Heiligenschein ca. 11 cm

Sitzengel mit Spiralhaaren ca. 16 cm

Material

- Fichtenholzplatte, 18 mm dick (Körper, Kopf, Arme)
- Sperrholz, 3 mm dick (Flügel, bei Engel mit Heiligenschein auch Hände und Füße)
- Matte Bastelfarbe in Beige und Weiß
- Blumen-Stieldraht, ø 1,5 mm
- Schnell trocknender Leim

Vorlagenbogen 2B

Schutzengel-Hänger

Motivhöhe
ca. 6 cm bzw. 7 cm

Material
- Sperrholz, 3 mm dick
- Baumwollfaden in Schwarz bzw. Rot

Vorlagenbogen 1A

EINTEILIGER ENGEL

Sägen Sie den Engel nach Vorlage aus und schleifen Sie ihn mit Schleifpapier ab.

ZWEITEILIGER ENGEL

Nach dem Aussägen und Abschleifen der Einzelteile, binden Sie den Engel folgendermaßen zusammen: Der Baumwollfaden wird von vorne durch die Bohrungen an den Schultern und den Flügeln nach hinten gezogen und die Enden miteinander verknotet.

Mein Tipp

Bemalen Sie die Engel nach Geschmack. An dem Schlüsselanhänger können Sie sehen, wie wirkungsvoll schon eine dezente Bemalung in Weiß und Beige ist.

Schlüsselanhänger und Glücksengelchen

Motivhöhe
ca. 4 cm

Material
- Sperrholz, 3 mm dick
- Baumwollfaden in Rot
- Holzperlen, ø 4 mm
- Schlüsselanhänger

Vorlagenbogen 1A

Sägen Sie das Motiv aus, bringen Sie die Bohrungen (ø 1 mm für den Faden, ø 3 mm für den Schlüsselring) an der entsprechenden Stelle an und schleifen Sie den Engel mit Schleifpapier leicht ab.

Engel mit Sternenkette

Sägen Sie die Einzelteile aus. Der Kopf wird senkrecht von oben für die Befestigung der Haare angebohrt (ø 0,5 mm), eine zweite Bohrung erfolgt an der Kleidunterseite (ø 1,5 mm). Schleifen Sie die Motivteile ab und malen Sie sie gemäß der Abbildung an. Wenn die Kleiderfarbe getrocknet ist, tupfen Sie mit derselben Farbe Punkte auf und malen 1 cm vom unteren Rand zwei waagerechte Linien. Kleid, Kopf, Arme und Sterne werden mit Patina überarbeitet. Die weißen Flügel und der Sockel werden nochmals abgeschliffen, bis stellenweise das Holz durchschimmert.

Führen Sie ein 15 cm langes Drahtstück von vorne durch die Bohrungen (ø 0,5 mm) in Oberkörper und Armen, jeweils ein Ende auf jeder Seite durch die Flügel und verdrillen Sie die Enden miteinander.

Für die Haare fassen Sie ca. 15 je 8 cm lange Fäden Nikolausbart mittig mit etwas Blumendraht zusammen. Die auf 1 cm gekürzten Drahtenden kleben Sie in die Bohrung am Kopf. Fädeln Sie die Sterne auf ein 30 cm langes Blumendrahtstück und wickeln Sie ihn um den Stieldraht, der im Sockel steckt. Zuletzt stecken Sie den Engel auf den Stieldraht.

Motivhöhe

ca. 35 cm

Material

- Fichtenholzplatte, 18 mm dick, 5 cm x 7,5 cm (Sockel)
- Sperrholz, 3 mm dick (Flügel und Sterne)
- Sperrholz, 5 mm dick (Arme, Rumpf und Kopf)
- Geglühter Kerzen-Stieldraht, ø 1,4 mm, 20 cm lang
- Geglühter Blumendraht, ø 0,35 mm
- Matte Bastelfarbe in Weiß, Karminrot und Beige
- Patina
- Nikolausbart

Vorlagenbogen 2B